AF385295

PUBLICATION DU *POPULAIRE*.

# HISTOIRE POPULAIRE

DE

## LA SESSION DE 1834.

### ADRESSE

*DES DÉPUTÉS ET DISCOURS PRONONCÉS PENDANT LA DISCUSSION*

In-8 de 32 pages. — 4 sous.

## PARIS,

### AU BUREAU DU POPULAIRE,

25, RUE NEUVE-ST-AUGUSTIN.

—

1834.

PUBLICATION DU POPULAIRE

# HISTOIRE POPULAIRE

## DE LA SESSION DE 1834

ADRESSE

AUX DÉPUTÉS ET CONSEILS PROVINCES ...

... pages. — ... cent.

PARIS

AU BUREAU DU POPULAIRE
... RUE ...

1834

Publications du POPULAIRE.

PROCÈS de Propagande du Pas-de-Calais, 2me, 3me impression. In-8 de 10 pages. Prix : 4 sou.

ARRESTATIONS ILLÉGALES des Citoyens publics, Pontmartin contre M. Cinquet et Procès Delaule... de 24 pages. Prix 2 s

La RÉPUBLIQUE DU POPULAIRE, In-8 de 20 pages. Prix 2s.

RÉPONSE D'UN RÉPUBLICAIN aux Calomnies des... de la police. In-8 de 8 pa... Prix 1 sou.

DIALOGUE entre un Garde national républicain et un Garde national juste-milieu. In-8 de 8 pages. Prix 1 sou.

PROCÈS du républicain VERGÉRE... In-8 de 8 pages. Prix 4 s

MOYEN d'améliorer l'état déplorable des Ouvriers. In-8 de 8 pa... Prix 4 sou.

DISCOURS du citoyen RASPAIL, prononcé devant la Cour d'assises In-8 de 16 pages. Prix 2 sou.

LA JUSTICE DU PEUPLE, par le citoyen Delmoière. In-5 d... Prix 2 sous.

LES CAISSES D'ÉPARGNES, par M. Carneau. In-8 de 5 pag... Prix 4 sou.

LOUIS-PHILIPPE à lui seul fait plus de propagande républicaine que tous les républicains ensemble. In-8 de 4 pages. Prix 4 sou.

GLOIRE DU 1 FÉVRIER... In-8 de 4... Prix 4 sous.

DISCOURS de Louis-Philippe à la ouverture... In-8 de 3 pages. Prix 1 sou.

DIALOGUES de Maître-Pierre. In-8 de 8 pages. Prix 1 sou.

LETTRE d'un Ouvrier en réponse aux calomnies de la police contre le peuple. In-8 de 4 pages. Prix : 4

# Publications du POPULAIRE.

PROCÈS du Propagateur du Pas-de-Calais, 2<sup>me</sup> réimpresssion. In-8 de 40 pages. Prix : 1 sou.

ARRESTATIONS ILLÉGALES des Crieurs publics, Poursuites contre M. Gisquet et Procès Delente. In-8 de 24 pages. Prix 2 s.

LA RÉPUBLIQUE DU POPULAIRE, in-8 de 20 pages. Prix 2 s.

RÉPONSE D'UN RÉPUBLICAIN aux Calomnies des Pamphlétaires de la police. In-8 de 8 pages. Prix 1 sou.

DIALOGUE entre un Garde national républicain et un Garde national juste-milieu. In-8 de 8 pages. Prix 1 sou.

PROCÈS du républicain VERGERS. In-8 de 8 pages. Prix 1 s.

MOYEN d'améliorer l'état déplorable des Ouvriers. In-8 de 8 pag. Prix 1 sou.

DISCOURS du citoyen RASPAIL prononcé devant la Cour d'assises. In-8 de 16 pages. Prix 2 sous.

LA JUSTICE DU PEUPLE, par le citoyen Demohère. In-8 de 8 p. Prix 2 sous.

LES CAISSES D'ÉPARGNES, par M. Cormenin, in-8 de 8 pag. Prix 1 sou.

LOUIS-PHILIPPE à lui seul fait plus de propagande républicaine que tous les républicains ensemble. In-8 de 4 pages. Prix 1 sou.

PROCÈS DU PATRIOTE DE LA COTE-D'OR, in-8 de 40 pages. Prix : 5 sous.

DISCOURS de Louis-Philippe à l'ouverture de la session de 1834, in-8 de 8 pages. Prix : 1 sou.

3 DIALOGUES de Maître Pierre. In-8 de 8 pages. Prix : 1 sou.

LETTRE d'un Ouvrier en réponse aux calomnies de la police contre le peuple. In-8 de 4 pages. Prix 1 s.

# HISTOIRE POPULAIRE

## DE LA

## SESSION DE 1834.

### ADRESSE DES DÉPUTÉS

ET

### DISCOURS PRONONCÉS DANS LA DISCUSSION.

Le but du parti qui nous gouverne serait d'éteindre dans le cœur du peuple tout amour de la liberté, de lui ôter jusqu'au désir même de reconquérir ses droits, et de l'amener à ce point d'apathie et d'insouciance pour les affaires publiques, qui est chez les peuples l'indice le plus certain de leur démoralisation ; car c'est quand ils sont dans cet état que le despotisme jette ses bases les plus solides, et finit par régner sans obstacle. Maintenant les nombreuses déceptions dont nous avons été dupes depuis 1830, ont jeté un grand nombre d'esprits dans l'inertie. Les débats des chambres n'ont plus pour le peuple l'intérêt puissant des années qui ont précédé 1830, il faut en convenir, et ce n'est pas le moment de déduire toutes les causes qui ont produit cet effet ; mais ce qu'il nous appartient de dire c'est

que cette froideur et ce calme ne seront pas de longue durée :
que si les Séides du juste-milieu se présentent enfin à la Tribune avec des projets de loi contre le jury, contre la presse
et les associations, que s'ils exhument leur loi sur l'état de
siège, que s'ils veulent enfin obtenir des subsides pour la construction des forts détachés, alors la population agitée, inquiète
sur son avenir, sortira de sa froideur pour prêter une oreille
attentive aux débats législatifs, et suivre pas à pas les phases
de la lutte qui s'engagera dans les chambres ; les doctrinaires
verront alors le peuple reprendre son attitude patriotique, sou-
tenir de ses acclamations les défenseurs de la liberté, et accabler
de ses sarcasmes et de ses imprécations les hommes qui mé-
ditent de l'asservir : mais ces luttes que nous indiquons auront
lieu, et il est facile de les prévoir.

Et si dans la chambre, des députés de l'opposition, se rattachant uniquement aux principes *d'égalité politique*, font enfin
entendre aux hommes du pouvoir des paroles qui annoncent
l'émancipation du peuple, alors aussi on le verra s'enquérir
avec ardeur des paroles prononcées à la tribune.

Dans toutes ces occasions nous ferons connaître particulièrement au peuple les débats qui peuvent l'intéresser.

La discussion de l'adresse ayant essentiellement ce caractère ;
nous croyons devoir la reproduire succinctement.

# DISCUSSION DE L'ADRESSE (1).

## Séance du 2 janvier.

C'est M. Salverte qui ouvre cette discussion. Le projet de l'adresse, dit cet orateur, a surtout pour but de donner une approbation nouvelle au système suivi par le gouvernement, depuis juillet 1830. Il est bon de voir si cette approbation donnée tant de fois depuis cette époque ne s'adressait pas surtout à des promesses qui ne sont pas encore réalisées.

Après la révolution de juillet, le devoir était imposé au gouvernement de réparer les maux faits à la France par les désastres de 1814 et 1815. Le gouvernement y est-il parvenu à l'extérieur et à l'intérieur? Examinant notre position à l'extérieur, M. Salverte démontre que le gouvernement n'a pas fait un seul pas pour nous relever de l'abaissement où la restauration nous a jetés ; nous n'avons pas même, dit-il, osé relever les murs d'Huningues. Il s'étonne de ce que dans le discours de la couronne, on n'ait pas dit un seul mot de notre conquête d'Afrique. La question belge est toujours au même point. La Porte s'est jetée dans les bras de la Russie, et notre gouvernement n'a pas essayé de faire pour les Polonais ce que fit autrefois un gouvernement qui n'avait pas beaucoup d'énergie, le gouvernement de Louis XV.

Parlant ensuite des affaires de l'intérieur, l'orateur flétrit les persécutions du gouvernement à l'égard des réfugiés étrangers. Il s'étonne, quand le discours du roi annonce que le revenu public s'améliore, de voir tous les ans le budget augmenter et la dette nationale s'accroître d'une manière effrayante.

Il exprime le vœu de voir la chambre s'occuper d'une loi qui étende les droits d'éligibilité et les droits de l'électorat, et d'une loi qui garantisse la liberté individuelle continuellement menacée.

Il signale de nombreux attentats à la liberté individuelle : Si l'on n'y prend garde, dit-il, l'entraînement des passions politiques sera bientôt ce qu'il était dans les mauvais jours de la révolution. N'a-t-on pas entendu dans une occasion solennelle exprimer fortement le désir de renvoyer les avocats aux

---

(1) Voir l'adresse à la fin.

causes civiles, et de les écarter des causes politiques? Il y a peu
de jours, dans un acte d'accusation, dans ce qu'il y a de plus
grave, plusieurs circonstances ont été rapportées *inexactement.*
(M. Persil s'agite avec force.) De pareilles inexactitudes pour-
raient être considérées comme un *faux.*

Il termine en disant : C'est avec bonheur que nous avons
entendu dans le discours de notre président que cette session
serait la dernière de notre législature, et que nous serions après
elle renvoyés devant nos juges naturels, qui, quelle que soit
leur décision, ne pourront pas nous ôter la certitude d'avoir agi
dans l'intérêt du pays; nous pouvons nous tromper, mais si
nos avis sont vrais, prenez garde. On peut fermer les yeux sur
les dangers auxquels on est exposé, narguer nos avertisse-
mens sur les erreurs commises; mais on ne ferme pas l'abîme
que nos erreurs ont entr'ouvert.

M. ROULLE monte à la tribune.

Il prononce un long discours auquel la chambre ne prête aucune attention.

M. DE SADE, abordant la question extérieure, tout en déclarant qu'il n'approuve pas tous les actes de notre diplomatie depuis trois ans, reconnaît que beaucoup de ce qui s'est fait doit
être attribué au temps, aux circonstances difficiles, surtout aux
préventions que les autres peuples doivent nourrir contre nous;
puis il passe à la question intérieure, il pense que la majorité
des Français ne veut que les institutions acquises en juillet. Il
accuse le ministère de vouloir les modifier : Il rappelle les
étranges doctrines constitutionnelles contenues dans certain réquisitoire. Lorsque le gouvernement, dit-il, se permet de pareilles menaces d'améliorations contre les institutions les plus
chères au pays, ne doit-on pas s'alarmer pour elles ?

M. DE MORNAY appuie le projet d'adresse dans un long discours où il dit entre autres choses que la France veut la monarchie constitutionnelle, et saura la défendre contre les factieux.

M. DE CORCELLES renonce à la parole et dit :

Je me suis inscrit parce que j'espérais que la chambre se
conformerait à l'usage, et qu'elle ne précipiterait pas la discussion; je comptais sur l'impression du projet : puisqu'il n'est
pas imprimé, et puisqu'il faut le discuter à l'instant sans avoir
pu l'examiner, je renonce à la parole; je la prendrai plus tard.

C'est ainsi que la majorité met un député dans l'impossibi-
lité d'exercer son droit !

M. COULMANN s'attache à démontrer que toutes les intrigues de la diplomatie nous ont été funestes, et nous ont fait perdre de notre grandeur et de notre considération.

M. BÉRENGER occupe particulièrement l'attention de la chambre pendant cette séance. Il défend le jury attaqué par M. le procureur - général devant la cour royale de Paris. « Vétéran d'une noble cause, dit cet orateur, c'est pour moi « un devoir d'élever la voix contre les tentatives qui tendraient « à dénaturer cette belle institution, et si de pareilles tenta- « tives existaient, je ne manquerais pas de les signaler au pays. »

Aussitôt tous les yeux se portent sur le banc du procureur-général, qui alors était absent ; nous verrons plus tard comment il se justifiera d'avoir attaqué les lois dans le temple même de la justice.

Après avoir démontré que le jury tel qu'il est institué est suffisant pour arrêter les complots et les tentatives de complot, l'orateur signale nettement l'espoir qu'a le tiers parti de rallier une nouvelle majorité.

Espérance illusoire, et qui, dût elle se réaliser, ne modifierait en rien le système suivi depuis 1830 : MM. Etienne, Dupin, et Bérenger au ministère ne changeraient pas plus la volonté immuable que ne l'ont fait MM. Lafitte, Lafayette et Dupont de l'Eure.

### Séance du 3.

Après une séance aussi peu animée que celle dont nous venons de rendre compte et dans laquelle nous avons vu tour à tour et députés des centres et députés de l'opposition, venir prendre parti contre ce que ces messieurs appellent la chimère de la république, nous aimons à voir enfin un député connu par ses opinions républicaines, aborder la tribune.

M. Garnier Pagès a la parole.

Le projet d'adresse lui paraît, dit-il, plus hardi que les précédens, quoiqu'on y fasse parade de légalité et de constitutionnalité : ensuite il établit que les gouvernemens n'ont devant eux que deux voies, le droit pour tous, ou la violence, au moins pour quelques uns, et que le pouvoir actuel ne consentant pas à donner à tous des droits, devait se jeter dans la violence.

Ce système de violence, dit l'orateur, on l'a étendu aux artisans qui se plaignaient de leur misère, à des citoyens qu'on accusait de complots imaginaires, à un député (M. de Ludre) qu'on accusait d'avoir assisté à une cérémonie semi-religieuse en l'honneur des martyrs de juillet.

Mais les jurés acquittent les accusés.

On propose alors une loi des suspects à la chambre des pairs. Mais la terreur est désormais impossible et la loi reste dans les cartons de la pairie.

Les étrangers seuls pouvaient être atteints par une loi d'exception : on les frappe.

Les jurés résistent : on veut modifier le jury.

On fait tous les jours des procès à la presse, dans l'espoir que sur dix poursuites on obtiendra du moins une condamnation.

Point de liberté d'association, quoiqu'un ministre ait dit que l'article 291 du Code pénal ne pouvait plus subsister. Si vous êtes réunis plus de vingt, on vous dit : vous violez la loi ; si vous êtes moins de vingt, vous conspirez ; par conséquent point de réunions possibles.

L'enseignement est libre , mais on empêche des cours destinés à l'instruction gratuite du peuple.

Les réunions les plus indifférentes, les bals mêmes sont interdits.

De là le désordre dans la société ; de là la résistance des citoyens et des jurés.

On reproche au procureur-général de Paris sa violence : mais cette violence est une nécessité du système.

Le remède à ce désordre est dans la réforme politique.

Le désordre matériel est grand aussi ; les ouvriers souffrent partout, et leurs souffrances les poussent à la politique. A Lyon, par exemple, avant novembre 1851, les ouvriers ne s'occupaient pas de politique : depuis, c'est la ville de France où la population laborieuse réclame ses droits avec le plus d'ardeur.

L'orateur termine en indiquant quelle sera sa conduite à la chambre.

Pendant ce discours on voyait s'agiter violemment M. Fulchiron : plusieurs fois il interrompt M. Garnier-Pagès pour demander la parole, on aurait dit un nouveau démosthènes prêt à frapper avec la hache les argumens de son adversaire.

Que les partisans des droits du peuple ne s'alarment pas, car l'éloquence de l'honorable député ne servirait que faiblement une excellente cause ; en quoi peut-elle nuire à une cause qui a pour elle le droit et la raison ?

On avait parlé de réforme politique, M. Fulchiron entretient la chambre de la question des tarifs ; on demandait *des droits* pour tous, M. Fulchiron s'efforce de prouver que les ouvriers de Lyon n'étaient pas aussi misérables qu'avant 1789. Belle conclusion vraiment, ne pourrait-on pas dire ! mais vous qui prétendez que toute crise révolutionnaire est nuisible au peuple, veuillez donc nous expliquer quelles sont les causes des améliorations que vous signalez dans la situation de la classe ouvrière ? N'est ce pas la révolution de 89 qui a produit cet heureux effet? Qui vous dit qu'il n'y a plus de bien être à ajouter à l'état du peuple, encore si accablé de privations et de travaux? c'est du reste ce que fera M. Garnier-Pagès dans une autre séance.

Après M. Fulchiron, la chambre entendit un discours de M. Chapuis-Monlaville, dans lequel ce député aurait bien pu se dispenser d'attaquer et la société des Droits de l'Homme et les principes qu'elle a adoptés; enfin vint le tour de l'impatient Viennet; cette fois cet orateur ne fit pas grand effet sur la chambre, seulement il lui prêta à rire en parlant des charivaris dont il avait été honoré. En commençant son discours, il s'annonça comme un des défenseurs *obligés* du projet d'adresse; position tant soit peu servile selon nous, et qu'on devrait au moins ne pas avouer; mais M. Viennet ne s'arrête pas à si peu de chose; ceci, du reste, ne l'a pas empêché de s'écrier en s'adressant aux bancs ministériels : « Qui oserait dire que nous sommes serviles, que nous avons abjuré notre indépendance ! » MM. Roullé et Fulchiron s'empressèrent d'applaudir à ce beau mouvement oratoire. Mais laissons M. Viennet et suivons à la tribune le général Lafayette, qui prit la parole après lui.

M. LE GÉNÉRAL LAFAYETTE : Messieurs, si la discussion générale de l'adresse ne m'avait paru qu'une simple lutte parlementaire, je me serais abstenu d'y prendre part. Mais il s'agit ici d'un système tout entier déclaré supérieur aux viscissitudes ministérielles, et dont j'ai souvent dénoncé la tendance contre-révolutionnaire à la révolution de juillet. J'ai pensé, et je pense encore, que sous le charme de nos couleurs nationales, à l'aide d'un changement dynastique et d'un déplacement de l'aristocratie, l'on marche dans des voies rétrogrades, et vers le système de cette restauration que le souffle de la grande semaine du peuple avait fait disparaître.

Messieurs, rappelons-nous ce grand événement, ce coup électrique qui rendit à la France sa souveraineté, la réarma tout entière, affranchit la Belgique, opéra la réforme britannique, démocratisa la Suisse, éveilla les deux Péninsules, enflamma la Pologne, cette Pologne lancée contre nous et qui devint l'héroïque avant-garde de l'Europe. Depuis ce temps, une diplomatie vulgaire et méticuleuse a changé la face des choses. On a vu la Belgique livrée à l'intrigue, la Pologne abandonnée à la Russie, l'Italie à l'Autriche, les droits du principe vital de notre existence abandonnés aux influences étrangères.

Qu'est devenue, messieurs, cette nationalité polonaise que la chambre (rumeur au centre), de concert avec le roi, a déclaré sur l'honneur ne devoir pas périr?

C'est quelque chose, messieurs, que l'honneur d'une chambre française et la parole du chef de l'état. Eh bien! aujourd'hui nous voyons la tyrannie la plus affreuse régner en Pologne ; nous voyons les autres puissances déporter les malheureux Polonais en Amérique ; et nous-mêmes, messieurs, n'avons-nous rien à nous reprocher, lorsque nous avons fait, en beaucoup d'occasions, un si fâcheux usage de cette loi d'exception que la chambre, j'espère, avant de se séparer, refusera de renouveler.

Quant à l'Italie, que sont devenues les promesses qui avaient été faites en dédommagement de notre infidélité aux déclarations dont l'Europe a retenti.

Mais il est une autre question : c'est l'Allemagne dont on ne parle pas. Quoi! la politique de la France, depuis François I$^{er}$ jusqu'à nos jours, a été de protéger les états allemands contre l'invasion et même contre l'influence de ce qu'on appelle les grandes puissances ! Qu'a-t-on fait pour cela ? N'a-t-on pas du moins, si j'en crois les journaux, n'a-t-on pas eu l'air de dire qu'il dépendait d'une diète qui, comme on le sait, appartient exclusivement à ce qu'on appelle les grandes puissances, d'envoyer même leurs troupes dans les états allemands?

Après quelqurs réflexions sur le système, appelé de non intervention, abordant la question intérieure, le général dit :

Pour revenir à nos affaires intérieures, je demanderai si depuis trois ans et demi on a fait tout ce qu'il fallait pour remplir les intentions, les espérances et les engagemens de la révolution de juillet. On ne se prévaudra pas de ce que juillet a établi la souveraineté du peuple et a recréé une garde nationale nommant ses officiers. Toutes ces choses sont antérieures et restent supérieures à tout système. Se targuera-t-on de la suppression de l'hérédité de la pairie? Parlera-t-on de quelques centaines de francs dont on a diminué le cens électoral? Mais tout le monde sait que le gouvernement, quand il s'est agi de ces améliorations, déclarait à la tribune ses répugnances, et sollicitait dans ses salons, sans en excepter aucun, pour qu'on ne les acceptât pas. Quant aux autres progrès, il ont été fort disputés à la chambre.

Après avoir fait en peu de mots la critique de nôtre code d'instruction criminelle, il n'y aura, ajoute l'orateur, liberté et tranquillité pour la France, que lorsqu'on aura proscrit toutes les lois révolutionnaires et contre-révolutionnaires dont nous sommes entachés. Il venge ensuite dignement le peuple travailleur des calomnies qu'on lui adresse chaque jour. « Cette population, dit-il, qui a fait éclater dans les journées de juillet tant de désintéressement, tant de magnanimité, aurait dû être moins oubliée qu'elle ne l'a été, elle qui a prouvé combien elle était généreuse, et que si l'honneur français était perdu ailleurs, c'est chez elle qu'on le retrouverait ! (Mouvement.) Ne vous étonnez pas de ces expressions, et rappelez-vous que lorsque les bayadères de la restauration dansaient devant les cosaques, que les journaux leur faisaient leur cour, que tout le monde se précipitait dans leurs antichambres, où l'agiotage spéculait sur eux, on n'a pas trouvé à Paris un seul portefaix qui voulût consentir à prêter la main au dépouillement du muséum national.

» Messieurs, le vrai républicanisme est la souveraineté du peuple ; ce sont ces droits naturels et imprescriptibles qu'une nation entière n'aurait pas le droit de violer ; la souveraineté nationale est supérieure à toutes les combinaisons secondaires du gouvernement ; elle doit être toujours vivante, et ne jamais être reléguée aux archives.

» Quant à ses combinaisons, chacun peut avoir ses opinions ; les miennes, professées partout, sont connues depuis long-temps. Mais je profite de l'occasion pour remercier mon honorable collègue, M. de Mornay, de m'avoir donné le moyen de rectifier une expression qui m'a été, par erreur, attribuée dans plusieurs journaux.

» Non, messieurs, il ne convenait pas à un homme qui s'est déclaré, même à cette époque, disciple de l'école américaine, à l'ami, à l'associé, qu'il me soit permis de parler ainsi, des Washington, des Franklin, des Jefferson, de dire que la combinaison que nous faisions, et qu'alors nous avons cru être dans l'intérêt et dans le vœu de la nation, fût la meilleure des républiques.

» Au reste, je me bornerai à ces observations, et j'attendrai les amendemens qui seront proposés.

» Je répéterai seulement, à l'ouverture de cette session, ce que j'ai dit dans la session dernière, c'est qu'on ne peut pas s'attendre à ce que moi qui, à la fin de 92, ai cru devoir défendre la liberté contre la république, je défende jamais la monarchie contre la liberté. (Mouvement d'approbation sur tous les bancs de l'opposition.) »

Après le discours de M. Béranger, après les attaques dirigées par MM. de Sade et Salverte contre M. Persil, ce député pressé, du reste, par ses protecteurs du *Journal des Débats*, devait aborder la tribune, et donner des explications à la chambre ; c'est ce qu'il essaya de faire, mais il faut dire qu'elles ne furent pas heureuses. Cet orateur parle d'abord de son dévouement à la révolution de juillet, et de la ferme résolution qu'il avait prise de la défendre contre les factions.

Il cite plusieurs passages du discours qu'il a prononcé à la cour royale à son audience de rentrée, et il défie de trouver nulle part une apologie mieux sentie et mieux exprimée de la liberté de la presse. Il se justifie des nombreuses poursuites dirigées par son parquet contre la presse, en déclarant que sur vingt affaires qu'il a déférées devant la chambre des mises en accusation, le procureur-général a réussi dix-neuf fois. Il parle ensuite du jury, et dit qu'en voyant les nombreux acquittemens qui ont été prononcés, il a dû en trouver les causes dans des vices attachés à cette institution, et ce sont ces vices qu'il a signalés. Il appelle *inexactitudes*, les altérations manifestes qui ont été signalées dans son réquisitoire dans l'affaire de Raspail, et il prétend qu'on a profité de son absence pour embrouiller la procédure. La France tout entière pourtant a parfaitement bien compris le langage des défenseurs des vingt-sept accusés, et certes, il a été démontré clairement pour tous que dans l'acte d'accusation des mots qui dénaturaient des phrases entières avaient été substitués les uns aux autres : qu'on appelle ces faits erreurs ou inexactitudes quand on est procureur-général, c'est possible, mais chacun ensuite est libre de leur donner la qualification qui leur convient.

Voilà en somme quelles furent les explications de M. Persil.

M. de Béranger répondit : J'ai rappelé des maximes que la magistrature a professées dans tous les temps, et je maintiens les paroles prononcées à cette tribune, comme l'expression de ma conscience et de mes vœux pour le bien du pays.

M. MAUGUIN croit qu'une constitution n'est jamais mauvaise, quand pour l'assouplir aux besoins et aux vœux du pays il suffit de soumettre à une action régulière les rouages du gouvernement. Que s'il reste beaucoup d'abus à supprimer, c'est au pays par l'élection, c'est à la chambre par ses votes, à en obtenir le redressement. Il déclare adopter les principes contenus dans l'adresse, parce que la chambre demande le gouvernement représentatif dans toute sa sincérité et parce qu'elle est contre le ministère.

L'orateur démontre ensuite dans des observations pleines de justesse, que le ministère a constamment faussé les conditions du gouvernement représentatif, et que nous n'en avons que le mot, que l'ombre.

C'est M. Guizot, l'un des habiles de la doctrine, qui monte à la tribune pour répondre à M. Mauguin. Cet orateur avait parlé des forts détachés et de l'obstination du ministère à poursuivre ses projets d'embastillement contre Paris malgré les votes de la chambre, voici ce que le rédacteur du *Moniteur de Gand* répondit en parlant de Lyon : « Déjà plusieurs fois on a exprimé une vive compassion pour les Lyonnais, cernés, a-t-on dit, de bastilles. Eh bien, messieurs, s'il arrivait que dans un de ces grands désordres qui quelquefois troublent les sociétés, un mouvement éclatât à Lyon; si ces forts détachés, construits en vue d'une agression étrangère, *servaient à réprimer la révolte.* (Explosion de murmures aux extrémités.) Je dis que quand même les forts construits à Lyon eussent servi à réprimer la révolte qui naguère a coûté tant de sang, ne devrait-on pas s'en féliciter? » C'est en vain que ce ministre chercha sous le masque d'une indifférence mal déguisée, sur cette question, à détruire l'effet de ces paroles, elles resteront ineffaçables, et seront le vrai sens que le peuple donnera désormais à toute construction de forts qu'on tentera d'élever autour de Paris; il saura qu'en cas d'un grand désordre on se féliciterait d'avoir pu les comprimer par le moyen des forts détachés, et il n'oubliera jamais que quand un gouvernement, pour faire de la tyrannie, a besoin de désordre il connaît le moyen d'en faire naître. Ce fut là du reste la seule partie importante du discours de ce ministre, qui se mit ensuite à discourir sur le noble dévouement de M. Persil, et qui après cette apologie fit celle de l'intronisation de Louis-Philippe, et déclara qu'il regardait le gouvernement de juillet comme très légitime.

*Séance du 4.*

M. Alphonse de Lamartine, après un exorde assez long, se livre à des considérations très étendues sur l'état actuel de l'Orient, et engage la chambre à ne pas commenter la phrase du discours par une phrase de politique étroite, mais de rester dans le vague, ou d'indiquer plutôt dès aujourd'hui les voies de lumière, de grandeur, et de sociabilité dans lesquelles elle voudra sans doute plus tard ramener sa politique.

Cet orateur a consacré une partie de son discours à engager la chambre à repousser de l'adresse la phrase qui sollicite de la part du gouvernement des moyens de vigueur contre les royalistes qui désolent la Vendée : il s'est défendu en même temps d'être l'organe de cette fraction du parti qui procède par les moyens de violence.

M. Augustin Giraut : Il y aurait aveuglement, selon moi, à méconnaître que dans quelques contrées l'esprit de désordre malheureusement est encore en puissance de nuire. Il cite plusieurs actes de cruauté tout récemment accomplis dans plusieurs communes de la Vendée, et il termine en déclarant que, selon lui, le moment est arrivé de prendre des mesures décisives, pour pacifier et rassurer les habitans de ce malheureux pays.

M. Odilon Barrot pense que le moment est arrivé pour les députés de se montrer au pays tels qu'ils sont : il félicite la chambre de l'attention qu'elle a prêtée à tous les orateurs, et de la liberté qu'elle a accordée à la discussion.

« Je veux, dit-il, le gouvernement représentatif dans toute sa sincérité, convaincu que je suis qu'il renferme toutes les libertés, toutes les garanties, toutes les améliorations possibles. » Il démontre que le système suivi par le ministère nous met tout-à-fait en-dehors du gouvernement représentatif; il prouve que ce ministère est loin d'être homogène, et il démontre par des faits nombreux qu'il est en désaccord avec les votes de la chambre.

« Un projet de loi, dit l'orateur, fut présenté sur les forts
» détachés; trois fois la question fut soumise à la législa-
» ture, trois fois les répugnances de la majorité se sont
» manifestées, et néanmoins le gouvernement, doué dans
» cette circonstance de la plus inconcevable persévérance,
» ne s'est arrêté que devant la crainte des manifestations
» extra-légales. »

Il rappelle aux ministres leurs répugnances contre la loi sur l'hérédité de la pairie : puis abordant la loi sur l'état de siége, il apostrophe ainsi le ministère. « Ministres d'un gou-
» vernement qui s'appelle le gouvernement de juillet, vous
» avez demandé à être armés d'un pouvoir plus exorbitant
» que tous ceux dont nul autre gouvernement peut-être ne
» fut jamais investi, vous avez demandé ce pouvoir non
» comme une mesure exceptionnelle, mais comme un droit
» permanent. »

Il reproche au ministère d'avoir violé la liberté des votes, en destituant des députés fonctionnaires, et il l'interpelle pour savoir s'il est dans l'intention d'intervenir d'une manière active dans les prochaines élections. Il termine en exprimant le vœu que le gouvernement représentatif soit bientôt rendu à toute sa sincérité, et qu'un plus grand nombre de citoyens soit appelé à concourir aux élections.

M. Thiers succède à M. Barrot ; il se défend d'avoir jamais été partisan des opinions démocratiques, et si on l'a pensé c'est qu'on a mal lu son histoire sur la révolution.

Selon lui l'opposition est divisée, car elle a adopté quatre à cinq systèmes qu'elle ne peut concilier. Il affirme que tout le cabinet est homogène, et veut franchement l'ordre constitutionnel, et il excite l'hilarité de la chambre quand il dit : Nous donnerions mille fois notre vie pour empêcher le rétablissement du gouvernement déchu. Il parle de la prospérité commerciale du pays, et vante la fermeté du ministère dans toutes les questions de politique extérieure ; et ce n'est pas sans quelque surprise, même de la part des députés ministériels, et sans indignation aux bancs de l'opposition qu'on entend ce ministre dire : « que si de grandes révolutions s'accom-
» plissaient, que si les menaces prodiguées à l'indépendance de
» quelques nationalistes se réalisaient, alors nous saurions bien
» faire ce que la dignité de la France réclamerait de nous,
» comme déjà nous l'avons fait pour la Belgique, pour la
» Prusse, pour l'Espagne, pour l'Orient ; toujours, en toute oc-
» casion, nous avons invoqué avec fruit le droit européen, et
» nous sommes arrivés enfin à donner au caractère français la
» plus grande considération dont il puisse jouir. »

M. Mauguin : M. le ministre du commerce s'est applaudi du bonheur de la France, de sa puissance extérieure, de l'ordre et de la sécurité qui règnent à l'intérieur. Puisse-t-il avoir dit la vérité, et puissions-nous avoir à rendre au ministre des actions de grâces !

Le ministre a trouvé tout-à-fait satisfaisant l'état moral de la France ; ne pensait-il pas autrement dans une occasion toute récente, et n'avons-nous pas entendu hier un ministre nous parler de la mollesse des convictions, et de ce défaut de croyances auquel il attribuait les nombreux acquittemens du jury ? Je voudrais au moins que le ministère d'hier fût d'accord avec celui d'aujourd'hui.

M. Mauguin fait observer que sans doute le gouvernement ne se considère pas comme fort, puisqu'il fait un appel si pressant à l'armée, à la garde nationale, au jury et à la magistrature. Je demande la permission, dit ensuite M. Mauguin, de féliciter M. le ministre sur la haute opinion qu'il a de lui-même. Il a voulu dans son histoire de la révolution donner des leçons à son siècle ; à vingt-trois ans cela est un peu téméraire, mais c'est noble et beau. M. le ministre a été plus loin, il a donné des leçons à la constituante elle-même, à ces hommes que nous serions trop heureux de pouvoir imiter même de loin. M. le ministre a fait mieux que tout cela, il s'est donné des leçons à lui-même, ce dont je le félicite sincèrement, car il lui est arrivé fort souvent de changer d'opinion, et à chaque changement il avait nécessairement reconnu qu'il s'était d'abord trompé. Abandonnant le terrain de la personnalité, l'orateur termine en déclarant que selon lui l'adresse blâme le ministère et qu'il vote pour elle.

### Séance du 6.

Dans cette séance la face de la discussion changea tout-à-coup ; jusqu'alors la chambre avait passablement l'air d'une réunion d'académiciens écoutant des orateurs plus ou moins habiles, plus ou moins longs sur un sujet donné, peu de mouvemens d'impatience, ou d'approbation dans les bancs, soit des extrémités, soit des centres, un calme et une patience parlementaires jusque-là étrangers aux habitudes d'un certain nombre de députés ; mais cette impassibilité ne fut pas de longue durée, et la séance du 6 devint dramatique. C'est que ce jour là quelque chose de grave et de solennel se passait dans la chambre, c'est qu'un parti réactionnaire voulait enfin lutter à la tribune avec deux des organes du parti républicain : c'est que la question du serment politique allait être soulevée, c'est qu'enfin celle de l'indépendance du député allait être discutée également : depuis long-temps, le parti ministériel s'inquiétait d'avoir vu les signatures de MM. Audry de Puyraveau et d'Argenson parmi les noms des membres du comité des Droits de l'Homme : il n'avait pas osé mettre ce comité devant une cour d'assises. Il avait d'autres vues, le procès des vingt-sept était l'élément de culpabilité avec lequel il voulait accabler les deux membres de l'opposition de la chambre qui appartiennent à la société des Droits de l'Homme, ce procès échoua, et les jurés et l'opinion publique firent justice de l'acte d'accusation de M. Persil. Ce précédent était mauvais, à la chambre on n'osa pas faire alors une proposition directe d'expulsion contre M. d'Argenson et de Puyraveau, on voulut soulever la question et voir si la chambre elle-même ne demanderait pas leur expulsion. C'est M. Bugeaud qui se chargea de cette noble mission du ministère : qui sait si l'honorable, après avoir servi de geolier à la duchesse de Berry, ne serait pas heureux d'avoir maintenant sous sa garde quelques députés patriotes?

M. GAUTHIER DE RUMILLY attaque le système suivi par le ministère.

M. le général BUGEAUD, après des réflexions violentes contre la presse, contre le vote universel, disserte sur le système de paix suivi par le ministère et en fait l'apologie ; puis il demande ce que veut l'opposition, se fait le défenseur de la religion du serment, et prononce ces étranges paroles : « Le parjure s'est montré publiquement ; vous avez vu un manifeste » lancé contre l'ordre établi, et revêtu de la signature de deux » députés. »

MM. D'ARGENSON et AUDRY DE PUYRAVEAU demandent la parole.

M. D'ARGENSON monte à la tribune et prononce le discours suivant, que nous regrettons de ne pouvoir donner en entier (1).

Je ne prétends me présenter, ni dans cette chambre ni hors de cette chambre, comme l'organe d'un parti politique. Je suis

---

(1) Le *Populaire* a publié les deux discours, ils forment sa 18e publication.

ce que j'ai été dans tout le cours de ma vie, l'homme de ma conscience, de mes convictions, investigateur zélé de la vérité autant que les faibles lumières de ma raison le comportent ; convaincu que si ce que je crois est juste et vrai, je dois concourir à le réaliser. Toute ma foi politique, morale, et je pourrais presque dire religieuse, peut s'exprimer par ce seul mot *égalité*. But prochain, égalité de droits politiques ; but final et permanent, égalité des conditions sociales.

Une association qui s'est formée sous la dénomination de Société des Droits de l'Homme et du Citoyen a publié une déclaration des droits qu'elle a désignée sous le nom de Robespierre son auteur. Elle n'a vu dans ce nom ni un *symbole complet* ni un *symbole incomplet*. Elle n'a point recherché quels rapports pouvaient exister entre ce nom et les faits de cette époque ; elle n'y a vu et cherché que la désignation d'une déclaration qu'elle livrait aux méditations d'un peuple qui fut successivement proclamé le peuple souverain et la grande nation, et qui a prouvé en juillet 1830 qu'il n'a jamais cessé d'être l'un et l'autre.

Et pourquoi, dit-on, cette prédilection pour ce document à l'exclusion de toutes les autres déclarations de même sorte ? Pourquoi, messieurs ? C'est principalement parce qu'en reconnaissant comme toutes les autres le droit de propriété, elle le définit, et que celles-là ne le définissent pas.

Laisser sans définition le droit à la propriété de toutes choses, c'est le ranger implicitement parmi les droits naturels, et c'est ce que l'on peut imaginer de plus absurde ; aussi voit-on dans certaines contrées le respect du droit de propriété s'étendre jusqu'à la propriété des hommes ; aussi ai-je entendu dans ma jeunesse revendiquer les droits féodaux les plus ridicules et les plus révoltans.

En définissant au contraire le droit de propriété, la déclaration dont je vous parle en fait un droit social ; et quand cette proposition n'étincellerait pas de vérité philosophique elle ne surgirait pas avec moins d'éclat de tous les faits historiques.

La déclaration dont je parle définit-elle bien ou mal le droit de propriété ? A-t-elle tort ou raison de le limiter par le droit d'autrui à l'existence ? sujets d'examen et de controverse qui seraient ici tout-à-fait hors de leur place.

Je crois, messieurs, m'être suffisamment expliqué jusqu'à présent.

*Quelques voix au centre* : Non, non ! Parlez, parlez !

M. Voyer d'Argenson : Puisque vous en témoignez le désir, je vais m'expliquer davantage. (Écoutez ! écoutez !)

On a parlé de serment, du devoir qu'il impose ; le premier de tous nos sermens n'est-il pas d'obéir à la souveraine volonté du peuple ; et la souveraine volonté du peuple n'est-elle pas variable, progressive, ainsi que la raison et la volonté d'une intelligence individuelle ?

Eh bien ! cette volonté collective , ce vote collectif, se composent apparemment de volontés individuelles ; et ces volontés individuelles seraient aliénées à perpétuité, pour le votant, pour ses enfans, pour sa postérité la plus reculée ! Le tout pour avoir exercé une fois seulement peut-être, dans tout le cours de sa vie, le droit de suffrage du plus bas degré, avoir rempli la plus mince de toutes les fonctions ? Mais c'est aller au-delà de ce qu'auraient jamais osé demander les novateurs les plus emportés. C'est de l'égalité que nous vous demandons, ce ne sont pas des saturnales.

Les institutions politiques n'imposent d'obligation morale qu'à deux conditions entre lesquelles il faut choisir : à savoir qu'elles dérivent de la volonté de Dieu, qui fait les rois , les quels octroient les chartes, ou de la volonté du peuple. Vous vous êtes prononcés pour ce dernier système, et les journées de juillet 1830, assistées de bons budgets , ont fait à cet égard d'admirables conversions. Souffrez donc que chacun, même un député, puisse dire au peuple : Vous êtes souverain ; vous pourrez , quand il vous plaira, perfectionner vos intitutions; examinez les perfectionnemens qui peuvent vous être proposés ; que ceux qui les préfèrent au régime actuel le déclarent ouvertement , et quand la majorité du peuple s'y sera ralliée, il y aura obligation morale pour tous de s'y soumettre , sans préjudice du droit perpétuel, imprescritible , et qui appartient à chacun de proposer mieux.

M. Audry de Puyraveau déclare qu'il ne se regarde comme député qu'à la chambre, et que les actes du dehors échappent à sa censure. Il fait découler le droit d'association de la souveraineté du peuple, et présente sur ce sujet des observations du plus haut intérêt. Il renvoie l'accusation de pillage dirigée contre le peuple à ceux qui ne vivent que de ses sueurs, et il termine par ces nobles paroles :

Je croyais, sur mon lit de douleur , que l'on avait exercé contre moi assez de vengeances, car, aux calomnies absurdes que je viens d'énumérer il faut bien que j'ajoute l'empêchement de la vente de mon bien, que je tentais de faire pour payer le gouvernement, confiscation et amende. Que l'on en finisse donc enfin et que l'on mette à exécution la sentence que Charles X. avait prononcée contre moi , je l'avais bien mérité au moins : je l'attends sans crainte , ce ne sera pas trop expier le tort impardonnable d'être l'ami du peuple, de désirer son bonheur et de le croire possible.

M. Deludre, de sa place : Quoique je n'aie pas été compris dans l'attaque dirigée contre MM. d'Argenson et Audry de Puyraveau , je crois avoir le droit de demander la parole pour un fait personnel. Je déclare que j'ai publiquement adhéré aux principes de la Société des Droits de l'Homme, et que j'adhère complètement à tout ce que vient de dire à la tribune M. Voyer-d'Argenson.

M. Barthe s'élance à la tribune et parle du scandale des explications qui viennent d'être données. Il attaque violemment la Société des Droits de l'Homme. — « Vous l'avez poursuivie, lui crie M. d'Argenson, et vous n'avez pu là faire condamner !... Poursuivez-la de nouveau si vous la croyez coupable, mais ne transformez pas la chambre en une cour d'assises. »

'N'interrompez pas, lui dit le président. Les priviléges de la chambre sont de défendre la constitution et non de l'attaquer.

« Vous me jugez, lui dit M. d'Argenson, et je vous récuse ; je ne reconnais pour juge que le pays. »

A l'ordre , à l'ordre ! crient avec violence 40 ou 50 voix du centre.

Prononcez-vous, dit M. Barthe en terminant : Restez-vous fidèle à votre serment ? dites ce que vous voulez, et la chambre jugera si le député existe encore.

M. d'Argenson : Interpellé sur mon serment , j'ai déclaré que j'avais entendu le prêter à la souveraineté du peuple. J'ai dit que sans la souveraineté du peuple, devant laquelle vous devez tous baisser vos fronts dans la poussière... je ne sais pas à qui je pourrais prêter serment. Je pense que tout citoyen a le droit de proposer au peuple tout ce qui peut améliorer les institutions ; si l'on demande maintenant à m'expliquer davantage, qu'on saisisse la chambre d'une proposition à mon égard, je sais ce que j'aurai à faire.

La chambre entend encore M. Berryer, et M. Guizot lui répond.

La discussion générale est fermée.

Les paragraphes 1 , 2 et 3 de l'adresse sont mis aux voix et adoptés.

Le président lit le quatrième paragraphe.

M. Portalis propose un amendement consistant à introduire après les mots : à l'activité de l'administration, ceux-ci : *La sagesse des jurés.* M. Salverte sous-amende cet amendement et propose de dire : *La sagesse et l'indépendance des*

jurés. M. Salverte développe son sous-amendement auquel
adhère M. Portalis. M. Barrot l'appuie, il est combattu par
MM. Barthe et Dumont : l'amendement est rejeté. Tous les
ministres se sont levés contre l'amendement.

M. BARROT : Vous n'osez pas attaquer le jury en face,
le frappez en arrière.

Après le discours de M. le ministre de l'instruction publique,
le président ayant annoncé qu'il n'y avait plus d'orateurs
inscrits, la chambre décide la clôture de la discussion générale.

Les trois premiers paragraphes de l'adresse sont adoptés
sans discussion. Le vote du quatrième paragraphe donne à la
chambre l'occasion de signaler son amour pour l'institution du
jury; dans ce paragraphe, dans lequel on promet au pouvoir
le loyal concours de la chambre, l'activité de l'administration,
la fermeté de la magistrature, le courage de la garde nationale
et de l'armée pour la répression des tentatives anarchiques,
deux amendemens furent proposés, l'un par M. Portalis, qui
proposait d'ajouter, à la fermeté de la magistrature, ces mots
*la sagesse des jurés*, et par M. Salverte qui voulait qu'on dit :
*la sagesse et l'indépendance des jurés*, mais la chambre rejeta
ces deux amendemens. Un pareil vote aurait quelque chose d'a-
larmant pour l'avenir du pays, si l'on ne savait que le jour où
des attaques sérieuses seraient dirigées contre cette institution,
un concours général de volontés énergiques s'uniraient pour
repousser et faire rentrer dans le néant d'audacieuses et cou-
pables pensées.

### Séance du 7.

La discussion commença sur le 5e paragraphe de l'adresse,
dans lequel la chambre parlait de sa vive sollicitude pour tout
ce qui intéresse les classes ouvrières. A l'occasion d'un amendement de M. de Tracy, qui du reste fut rejeté, M. Charles
Dupin prit la parole, et le fond de son discours fut une attaque dirigée tout à la fois contre des opinions émises la veille
par M. Garnier-Pagès, et contre notre première révolution.

Jamais orateur ne s'écarta d'avantage de la question, mais
aucun des honorables députés ministériels ne songea à l'y rap-
peler : il reprocha à M. Garnier-Pagès d'avoir dit que les ouvriers français ne trouvaient pas une juste rétribution de leur
travail, et ne pouvaient vivre en travaillant. Il dit que l'a-
doption du suffrage universel conduirait à la république, qui

traînerait la patrie dans le sang, et lorsque tous les hommes qui défendent le gouverment actuel auraient péri sous la hache révolutionnaire, quand la France serait bien lasse de carnage, alors le parti qui a été vaincu en juillet se présenterait au pays, et entre deux maux il le choisirait comme le moindre.

M. GARNIER-PAGÈS : depuis plusieurs jours on fait des interpellations singulières, et ce qu'il y a de plus singulier encore, c'est qu'elles sont faites par les ministres du roi ; on demande aux députés ce qu'ils pensent de la monarchie ; qu'on y prenne garde, cette discussion est dangereuse, car si l'un des membres répondant aux interpellations nous disait à cette tribune : oui, je suis *Républicain*, il serait bien obligé de vous signaler les motifs qui le portent à trouver funeste la monarchie.

L'orateur déclare qu'en demandant le suffrage universel, sa pensée n'est pas d'imposer au peuple une forme de gouvernement quelconque, pas plus qu'il ne reconnaît à personne le droit de poser des limites à sa souveraineté.

Nous ne voulons pas, dit-il, le bonheur des uns au détriment des autres, nous ne voulons point qu'on passe à travers des flots de sang, parce que le sang ne produit pas le bien, et que c'est le bien que nous désirons. Il sait bien que le suffrage universel n'est pas un remède à tous les maux, mais il pense que le bonheur du peuple en sera la conséquence ; quand on sera mandataire de tous, on s'occupera du bonheur de tous.

Après quelques observations de MM. l'Herbette et Passy, la chambre adopte le paragraphe 5. — Dans le paragraphe 6 le projet d'adresse félicite le gouvernement de l'essor qu'a pris l'instruction publique : le moment de pareille félicitation n'était pas très bien choisi, car depuis quelques jours l'autorité dirigeait contre des cours gratuits formés par le soin des patriotes pour instruire le peuple de violentes persécutions, et la plupart de ces cours venaient d'être fermés par la force. Le général Lafayette monte à la tribune, et saisit cette occasion pour interpeller le ministère.

La liberté d'enseignement, dit-il, est une des conditions les plus impérieuses de la révolution de juillet. L'instruction gratuite de nos concitoyens, en même temps qu'elle est un devoir pour la société en général, doit être un objet de sollicitude particulière pour tous les bons Français. C'est dans ce but que s'est formée l'*association libre pour l'éducation du peuple*.

J'ai l'honneur d'être président de la commission de mon arrondissement, et je n'ai rien aperçu qui ne dût complètement satisfaire tous les amis de la philantropie.

Cependant, l'autorité vient de dissoudre le comité central. J'aime à supposer que le gouvernement n'a voulu ni attaquer *le droit sacré d'association*, ni nuire à la *liberté d'enseignement*. Mais, le silence qu'on garde depuis la fermeture du comité central est essentiellement nuisible à l'association entière, et il est urgent de réparer le mal. Si l'on prétend que le comité central doit être dissout, c'est au *jury* qu'il faut s'adresser ; mais cela ne doit point arrêter la marche de l'association.

M. D'ARGOUT, ministre de l'intérieur et de la police : La société dont il s'agit a deux parties bien distinctes, des *cours gratuits* pour des ouvriers, et un comité central.

Les cours ne sont point fermés. Le gouvernement n'y a trouvé *rien de répréhensible*, *rien de dommageable* ; et, dans son désir de répandre l'instruction le plus possible, non-seulement il ne les a pas prohibés, *il les a autorisés*.

Mais, au-dessus de ces cours, existe une *association centrale*, organisée par cohortes et par sections, qui a levé des *souscriptions*, qui a pour journal le *Populaire*, journal républicain, comme chacun sait, et pour secrétaire-général M. *Cabet*.

Personne, plus que le gouvernement, ne désire que le peuple s'instruise et que les ouvriers soient heureux. Mais, savez-vous quels sont les meilleurs moyens pour y parvenir ? c'est de conseiller aux ouvriers d'éviter les *émeutes*, les *coalitions*, les *associations secrètes* et de consacrer tout leur temps *au travail* et à la pratique des *vertus* d'un bon citoyen.

M. CABET : Vous avez sans doute été étonnés d'entendre un ministre dire que l'un des motifs qui ont déterminé le gouvernement à dissoudre le *comité central* de l'association libre pour l'éducation du peuple, c'est que cette association a pour secrétaire-général le député qui parle à cette tribune.

Je voudrais bien savoir si le ministre veut que l'association aille choisir sur les bancs ministériels les hommes qui se dévouent aux intérêts du peuple. Je voudrais bien savoir si le gouvernement prétend interdire aux citoyens dont le cœur est rempli de sympathies pour les classes souffrantes et laborieuses... (Interruption au centre.)

Je suis surpris aussi que la majorité ne veuille pas qu'on

parle ici des souffrances du peuple et de l'attachement qu'on a pour lui. Mais je me hâte de relever les erreurs du ministre.

Quoi ! vous conseillez au peuple d'éviter les sociétés *secrètes*, et vous dissolvez une société *publique* ! Fondée, par qui ? par des ouvriers ! Quand ? après la révolution de juillet ! Dans quel but ? pour apprendre la lecture et l'écriture, le calcul, la comptabilité, le dessin, la physique, la chimie, etc.

Quand nous réclamons des droits politiques pour le peuple, le *droit électoral*, par exemple, vous refusez, vous répondez qu'il n'est pas suffisamment instruit.

Cependant n'est-ce pas le sentiment de sa dignité, n'est-ce pas l'amour de la liberté qui l'a porté, en juillet, à travers tous les dangers, à répandre son sang pour combattre le despotisme ? N'admirait-on pas alors son courage, son dévoûment à la patrie, son amour de l'ordre et ses vertus civiques ?

C'est lui qui a fait la révolution ; mais qu'a-t-on fait pour lui ?

Il s'associe pour s'instruire ; il se prive du nécessaire, il se cotise pour payer des loyers et le matériel indispensable à des cours ; il en organise 50 dans les divers quartiers de Paris ; le soir, de 8 à 10 heures, après les fatigues de la journée, l'ouvrier vient y chercher l'instruction qui lui manque et que lui donnent gratuitement de généreux professeurs.

Plus de 5,000 citoyens forment l'association ; 30 ou 40 députés en font partie.

Un comité central recueille les cotisations, fonde les cours, administre cette vaste machine.

Tout est public ; tout se fait publiquement depuis 5 ans.

Et vous attaquez cette association, vous dissolvez son comité central !

Vous le faites dissoudre brutalement sans prévenir ! vous le faites dissoudre par la police, par vos sergens de ville, à dix heures du soir, en violant un domicile, sans craindre d'indigner et d'irriter des ouvriers et des jeunes gens qui, heureusement, sont plus sages que vous !

Vous dites que vous n'avez pas fermé les cours ! Eh bien, en faisant mettre les scellés sur le local du comité, vous avez fermé 12 cours, un de *dessin* suivi par 120 ouvriers, un de *chimie* suivi par 500 ouvriers.

Il fallait du moins vous adresser auparavant à la justice. Mais votre police, qui ne connaît que l'arbitraire et la violence, redoute le *jury*.

Voilà comment vous aimez le peuple, comment vous protégez l'instruction, et comment vous respectez tous les droits !

(Le ministre garde le silence.)

Les paragraphes 7, 8, 9 sont adoptés.

Les paragraphes 10, 11, 12, 13, 14, 15 relatifs à nos affaires extérieures donnent lieu à une discussion importante.

Un fait qu'il faut bien constater quelque douloureux qu'il soit et qui résulte de l'ensemble de la discussion sur nos affaires extérieures, c'est que depuis trois ans la position de la France vis-à-vis de l'étranger a été constamment dans une ligne décroissante. Nous nous rappelons encore avec quelque fierté le langage vigoureux de certains orateurs de l'opposition sur notre politique extérieure ; nous nous rappellons avec quel dédain et avec quelle amertume ils nous parlèrent des traités de 1815 ; mais cette année quel changement prodigieux ! ces traités de 1815 on ne les attaque plus , on ne veut plus les fouler aux pieds, on les décore du beau nom de contrats européens, et de tous les votes de la chambre on se contente d'en demander la stricte exécution. Que s'est-il donc passé qui ait produit ce fait ? ce qui s'est passé , c'est que pendant qu'en France on étouffait la révolution, la Sainte-Alliance marchait vers ses projets révolutionnaires , c'est que la Russie détruisait la nationalité polonaise dans le sang des héros de Varsovie, c'est qu'elle liait à ses destinées la capitale de la Turquie, c'est que l'Autriche menace et l'Allemagne et l'Italie , c'est qu'enfin de tous les cotés les intérêts français sont compromis, voilà pourquoi on réclame l'exécution des traités de 1815. Mais venons à la discussion, c'est M. Bignon qui au nom de la commission du projet d'adresse monte à la tribune. Il pense que le temps n'est pas arrivé pour la France de suivre dans sa politique le principe qui tendrait à subordonner l'intérêt de nation à l'intérêt de l'humanité entière. Les idées de M. de Lamartine sur l'orient ne lui paraissent donc pas applicables.

Le paragraphe 16 de l'adresse, dans lequel la commission réclame l'exécution stricte *des contrats européens*, attire l'attention de l'orateur. En adoptant ce paragraphe la chambre ne fera que poser un principe qui n'engagera pas le gouvernement; mais ce principe peut être fécond en conséquences : car il éveille son attention sur nos intérêts qui s'étendent partout ; ces intérêts *ont été compromis* en Pologne, et peuvent l'être à Constantinople, en Allemagne, et en Italie : et l'opinion de la commission est que la France ne devra reconnaître aucuns changemens opérés à l'ordre européen à son préjudice et sans son concours. Selon cet orateur, tout n'est pas perdu pour la Pologne et il rappelle la discussion qui a eu lieu le 7 juillet dernier, à la chambre des communes d'Angleterre. Il cite des explications postérieures insérées dans *le Moniteur français*, et en tire la conclusion que ni la France, ni l'Angleterre n'ont encore reconnu les changemens opérés par la Russie dans la constitution polonaise. On doit croire que les congrès de rois et de ministres étrangers sans le concours de la France et de l'Angleterre menacent des intérêts français, et qu'il y a dans les chances d'un avenir prochain, *péril* pour l'empire ottoman, *péril* pour tous les états secondaires d'Allemagne, et *péril* pour l'Italie. La Russie est prête à réaliser les vœux d'Alexandre sur les Dardanelles et sur Constantinople. La Prusse et l'Autriche sont d'accord pour opérer de graves changemens dans les petits états d'Allemagne, et cette dernière puissance a le projet de s'emparer de l'Italie sous l'apparence d'un protectorat de toute cette contrée.

M. DE BROGLIE, ministre des affaires étrangères, déclare que le ministère adopte tous les paragraphes de l'adresse, et les principes développés au nom de la commission par M. Bignon.

Cette déclaration fit] sensation et dans la chambre et au dehors. La diplomatie étrangère s'en alarma, des explications furent demandées, M. de Broglie, appelé aux Tuileries, fut invité formellement à rétracter cette adhésion, et c'est ce que nous le verrons faire dans la séance du 8.

M. CORCELLES présente des observations sur notre étrange position en Italie; il ajoute sur Alger, sur l'Orient, sur la Belgique des développemens qu'il termine ainsi : « Messieurs, » prenez-y garde, votre situation à l'extérieur est mille fois » plus compromise qu'au dedans par les atteintes portées à » vos libertés; au dedans on peut tout prévoir, au dehors « tout est mystère : tout pourrait être consommé qu'on se » croirait encore en sûreté. »

### Séance du 8.

M. DE LAMARTINE explique de nouveau ses vues sur l'Orient, et il est d'avis que pour rendre ces contrées à la prospérité dont elles peuvent jouir, les états de l'Europe devront, aussitôt que l'Empire ottoman sera entièrement en décadence, le diviser en protectorats partiels, ou en provinces semblables aux provinces d'Afrique ou d'Asie, où les Romains envoyèrent leurs populations et leurs colonies.

M. Mauguin : Cet orateur reproche au ministère sa marche indécise, contradictoire dans les affaires étrangères ; il demande quel avantage la France retirera de la mort de Ferdinand VII. En laissant l'Espagne sans constitution, pourra-t-on espérer de conserver long-temps son alliance, qui serait si importante pour nous, au cas d'une guerre sur le Rhin?

Il ne comprend pas que le ministre se soit rallié complettement à la pensée de la commission, exprimée par M. Bignon; car cet orateur a reproché au gouvernement d'avoir *compromis* les intérêts français en Pologne, et a dit que ces intérêts se trouvaient *en péril* en Allemagne, en Italie et à Constantinople.

M. LE MINISTRE DES AFFAIRES ÉTRANGÈRES : Je n'ai donné une adhésion formelle qu'aux principes posés par M. Bignon, mais je n'ai rien dit quant aux hypothèses, et aux appréhensions de l'orateur. Depuis trois ans, ce que la France a fait prévaloir c'est la survivance des traités qui restent obligatoires même quand les gouvernemens ont cessé d'être, et qui ne peuvent être changés que du commun accord des parties intéressées.

M. Mauguin demande au ministre des affaires étrangères que le nouveau traité conclu entre la Porte et la Russie soit communiqué à la chambre.

M. DE Broglie : On s'exagère beaucoup l'importance de ce traité, voici finalement à quoi il se réduit; il donne à la Porte le droit d'exiger des secours de la Russie, et il commande à la Russie de ne point refuser ces secours. Je ne peux pas le communiquer, ce traité n'est pas public.

M. Barrot : je ne demande pas pour mon compte d'autres explications, mais jamais traité offensif ou défensif n'a été stipulé autrement qu'on vient de l'indiquer.

M. Thiers, ministre du commerce, prend la parole pour faire un pompeux éloge de la conduite politique du cabinet français, dans les affaires extérieures.

### Séance du 9.

M. Barrot : Après le paragraphe que vous venez de voter je propose à la chambre d'insérer celui-ci : « La chambre des députés a l'assurance que le gouvernement de votre Majesté a protesté contre l'état actuel de la Pologne, et qu'il réclamera toujours avec force et persévérance en faveur de cette brave et malheureuse nation. »

Cet orateur développe le motif de cet amendement qui est adopté à l'unanimité.

M. Dupin, qui a quitté le fauteuil de la présidence, présente à la chambre de longues observations sur l'origine du gouvernement du 7 août, qui est émané bien évidemment selon lui de la souveraineté du peuple. Car c'est le peuple qui a chassé les Bourbons, et qui a reçu par ses acclamations le nouveau roi ; il est convaincu que le parti vaincu en juillet l'est sans retour. Il s'élève contre la liberté de discussion qu'on invoque à outrance, et il pense que cette liberté ne doit pas sortir du cercle tracé par la constitution. Les sociétés politiques lui paraissent menaçantes pour les gouvernemens, et ne sont qu'un gouvernement de second plan, un gouvernement souterrain. Il a combattu les congrégations sous le régime de 1814, il combat aujourd'hui par les mêmes motifs les sociétés politiques. La France ne veut pas de République, elle ne veut pas de monarchie par droit divin, mais elle veut une monarchie héréditaire de convention, et qui soit un gage de paix et de stabilité.

M. Garnier Pagès défend rapidement le droit d'association. Il se demande sur la question du serment, si on a le droit en France, où le principe de la souveraineté du peuple est reconnu, de prêter comme député, comme fonctionnaire, un serment qui serait un obstacle aux changemens que le peuple voudrait apporter à sa constitution. (Cette proposition excite dans les centres de violens murmures.) Quant à la liberté de discussion, il démontre que si on ne peut dire et exprimer tout ce qu'on pense, à moins que l'on ne dise ou que l'on n'exprime que tout est pour le mieux, il ne comprend pas de quoi pourrait servir la liberté de la presse et de la tribune.

Après une réponse de M. Barthe, à M. Garnier Pagès, dans laquelle le ministre, selon sa coutume, se livre à des attaques violentes contre les sociétés politiques, et à des insinuations malveillantes contre l'orateur auquel il répond, la chambre adopte un amendement peu important de M. de Tracy. L'article 17 est voté.

On procède ensuite au scrutin sur l'ensemble de l'adresse.

Nombre des votans.. . . . . . . . 311
Boules blanches.. . . . . . . . . 258
Boules noires. .. . . . . . . . . 45
L'adresse est adoptée.

# ADRESSE DES DÉPUTÉS.

Sire,

La chambre des députés se félicite avec vous du repos dont jouit enfin la France après tant d'orages; l'ordre et la paix se consolident chaque jour; le commerce et le travail, se développant avec la sécurité publique., accroîtront le bien-être de la population et la prospérité de l'État. Cette sécurité repose en effet, Sire, sur la stabilité de nos institutions, sur votre fidélité à les garder, et sur notre inébranlable résolution de les maintenir intactes et pures contre tous les efforts qui tendraient à les détruire ou seraient de nature à en altérer le principe.

C'est en suivant toujours les voies de la justice et de la modération, c'est par une politique ferme et loyale, une vigilance sans relâche, un ensemble de mesures sagement combinées et une direction soutenue imprimée à l'administration du pays, que votre gouvernement triomphera des factions qui s'agitent avec tant d'audace. Nous ne pouvons le taire à votre majesté, de graves désordres, des crimes affligent quelques départemens de l'Ouest; la situation de ces malheureuses contrées appelle l'attention sérieuse de votre gouvernement; armé de la toute puissance de la loi, c'est un devoir pour lui de les couvrir d'une protection régulière, constante et efficace. Il est temps d'arracher aux partisans de la dynastie déchue cette arène ensanglantée où éclatent si honteusement leur impuissance et leur désespoir.

La France élève une voix unanime pour mettre fin à toutes

les manœuvres, à tous les obscurs complots qui tendent à arrêter ses nobles destinées. Autant elle proteste contre les fauteurs d'un régime de déception qui, sous le gouvernement déchu, a méconnu ses mœurs, ses intérêts et ses droits, autant elle repousse ces projets insensés qui tendraient à substituer un gouvernement électif à la monarchie héréditaire et constitutionnelle, autant elle s'indigne contre ces doctrines pernicieuses, ces passions violentes qui troublent toutes les existences, ébranlent la société dans ses bases, et menacent à la fois l'esprit de famille, le droit de propriété, l'essor de l'industrie et la liberté du travail.

L'activité de l'administration, la fermeté de la magistrature, le courage de la garde nationale et de l'armée, notre loyal concours sont d'imposantes garanties pour la répression de ces tentatives anarchiques que repousse d'ailleurs l'opinion du pays, et qui sont frappées d'impuissance par la réprobation publique. Ce que veut fortement la France. Sire, c'est la monarchie constitutionnelle, c'est le système représentatif dans toute sa sincérité, ce sont les institutions qu'elle a conquises ; aussi en garde contre ces théories aveugles qui, ne tenant nul compte de l'état des mœurs et des esprits, voudraient la précipiter dans les voies périlleuses d'innovations sans mesure et sans terme, qu'elle est éloignée de toute idée de retour, à ces tendances exclusives, à ces priviléges injurieux, dont elle s'est affranchie en 1789, de toute espèce de contact avec la restauration qui a péri pour avoir essayé de les faire revivre, et pour n'avoir pas compris qu'ils répugnaient à nos lumières et à ce sentiment profond d'égalité devant la loi dont notre nation est si justement jalouse. Sire, nos institutions, dont la force a été éprouvée par des résistances si vives et si diverses, resteront debout pour la gloire et pour le bonheur de la France, et votre gouvernement assurera leur triomphe en ralliant autour de la dynastie de 1830, tous les amis sincères et éclairés de la monarchie constitutionnelle, dont les dissentimens ne peuvent profiter qu'à leurs communs ennemis.

Dans notre sincère amour du bien public, Sire, nous seconderons avec empressement vos efforts pour ouvrir à notre industrie, à notre commerce et surtout à notre agriculture pour laquelle il reste beaucoup à faire de nouvelles sources de prospérité. Tout ce qui intéresse les classes laborieuses, tout ce qui a pour but de répandre et d'honorer le travail, sera accueilli par nous avec la plus vive sollicitude; ainsi la nouvelle législation sur les douanes, impatiemment attendue, sera de notre part l'objet des plus sérieuses méditations et du plus consciencieux examen.

Nous nous applaudissons de l'essor qu'a pris l'instruction élémentaire. La loi qui l'organise doit porter d'heureux fruits; une sage et libérale éducation du peuple contribuera puissamment à son bonheur, et formera ces mœurs publiques si essentielles à un gouvernement libre.

Nous examinerons avec attention les propositions qui sont annoncées comme se rattachant à l'exécution des traités.

Nous apprenons avec satisfaction que le revenu public s'améliore. La chambre en conçoit l'espérance qu'il sera d'autant plus facile de rétablir l'équilibre si désirable entre les recettes et les dépenses; et en accordant, comme elle l'a toujours fait et comme elle est disposée à le faire encore, tout ce qui est nécessaire aux dépenses de l'état, elle a le droit d'attendre que les ministres se renfermeront avec sévérité dans les allocations du budget.

Votre Majesté nous annonce les lois qui doivent compléter nos institutions. C'est notre premier devoir de payer cette dette à la France. Nous savons quelles obligations nous impose le pacte fondamental, et nous sommes heureux de penser qu'en nous séparant nous en aurons accompli toutes les promesses.

La France accueille avec gratitude l'assurance que votre majesté lui donne, du maintien de la paix générale, si importante à sa prospérité intérieure et aux développemens de la civilisation; mais la paix cesserait d'être un bienfait pour le pays, si elle blessait ses droits et sa dignité; vous ne l'accepteriez jamais à un tel prix, sire, nous le savons : un peuple qui n'a jamais craint la guerre et qui a fait tant de sacrifices pour s'y préparer, ne peut être heureux que d'une paix qui ne coûte rien à son honneur.

Les graves événemens dont la Péninsule a été le théâtre ont fixé l'attention publique; votre majesté en renouant, après le rétablissement de la reine Marie, ses relations diplomatiques avec le Portugal, et en s'empressant de reconnaître la reine d'Espagne, Isabelle II, a satisfait aux vœux de l'humanité et aux conseils d'une politique éclairée puisqu'elle a contribué à atténuer les déchiremens auxquels ces pays sont en proie, et qu'elle a manifesté toute la sollicitude de la France pour des peuples au bonheur desquels l'attachent ses intérêts et ses sympathies.

Votre majesté a ordonné la formation d'un corps de troupes sur nos frontières, et nous devons penser que les mesures qu'elle a prises étaient indispensables à la protection de notre territoire.

L'union intime de votre gouvernement avec la Grande-Bretagne, l'intérêt pressant des peuples et une lassitude commune nous donnent lieu de compter que les affaires de la Belgique, trop longtems suspendues, recevront promptement une conclusion définitive.

La prospérité de la Suisse nous intéresse vivement, son indépendance est liée à la nôtre, et nous nous sommes réjouis que la fermeté et la sagesse de son gouvernement aient triomphé des dissensions qu'avaient formentées dans son sein les ennemis de sa liberté. Votre majesté a suivi une noble et généreuse inspiration en lui offrant tous les conseils d'une amitié bienveillante et désintéressée.

La crise qui a menacé l'empire ottoman appelait sérieusement l'attention de votre gouvernement. En pressant le terme d'une lutte sur laquelle se fixaient les regards inquiets de tant de peuples, votre majesté a voulu satisfaire aux intérêts de la France et à ce qu'exige impérieusement la stabilité de l'ordre européen. Vous nous promettez, Sire, d'employer tous vos efforts pour en assurer la conservation, et nous vous félicitons de persévérer dans cette politique éminemment nationale.

La France, en sa qualité de partie dans les grands contrats européens, a supporté et supporte avec un rare désintéressement l'état de possession si onéreusement établi à son préjudice. Elle n'a fait aucun effort pour le changer; mais par cela même elle n'a reconnu et ne peut reconnaître à aucune puissance le droit de détruire ou d'altérer sans elle ce qui a été réglé avec son concours, ou ce qui existe en vertu d'un assentiment antérieur; la chambre des députés a l'assurance que le gouvernement de votre majesté a protesté contre l'état actuel de la Pologne, et qu'il réclamera toujours avec force et persévérance, en faveur de cette brave et malheureuse nation. Elle se repose sur la sagesse de votre majesté, disposée qu'elle est à faire tous les sacrifices que réclameraient la conservation de ses intérêts et la défense de ses droits.

Tels sont, Sire, les vœux des députés de la France ; nous vous les présentons avec une respectueuse confiance. Oui, nous acheverons notre ouvrage, nous resterons fidèles à nos sermens et à nos devoirs, et nous avons l'assurance que nous recueillerons le prix de nos efforts persévérans : les factions découragées s'éteindront devant la volonté souveraine d'un peuple qui veut se reposer dans le travail, de ses longues agitations ; l'ordre sera désormais préservé de toute atteinte, les lois conserveront leur puissance, la morale publique reprendra son empire, et votre trône constitutionnel recevra du concours de tous les sentimens et de tous les intérêts nationaux, cette force morale qui est le plus solide appui d'un gouvernement libre.

Le 10, M. Dupin a présenté cette adresse au roi. Voici la réponse de Louis-Philippe.

« Messieurs les députés,

» Je reçois avec satisfaction cette expression de vos vœux. J'y trouve un nouveau gage de ce loyal concours qui peut seul donner à tous les pouvoirs de l'état la force et l'énergie nécessaires pour atteindre le but que vous avez si bien défini ; celui de maintenir nos institutions intactes et pures contre tous les efforts qui tendraient à les détruire, où qui seraient de nature à en altérer le principe. C'est là le vœu de la France. C'est en l'accomplissant que nous serons fidèles à nos sermens, à nos devoirs, et que nous justifierons la confiance de la nation.

» Je remercie la chambre des députés des sentimens qu'elle m'a manifestés ; je partage ses espérances et j'anticipe, pour notre patrie, cet avenir de paix, de bonheur et de liberté, que mes vœux et mes efforts tendent constamment à lui assurer. »

PAGNERRE, EDITEUR,

*25, rue Neuve-Saint-Augustin,*

# RÉVOLUTION DE 1830

## ET SITUATION PRÉSENTE,

( JANVIER 1834. )

**Expliquées et éclairées**

### PAR LES RÉVOLUTIONS

DE

## 1789, 1792, 1799 ET 1804,

ET PAR LA RESTAURATION.

## Par CABET,

DÉPUTÉ DE LA CÔTE D'OR.

### 5ᵉ ÉDITION.

2 VOL. IN-12 AVEC COUVERTURE IMPRIMÉE,

*Prix des 2 vol. 1 fr, 75 cent.*

La même édition, 1 gros vol. in-8, papier satiné, 4 fr.

---

# LA POLOGNE,

Précis historique, politique et militaire de SA RÉVOLUTION, précédé d'une esquisse de l'histoire de Pologne depuis sa fondation jusqu'en 1830.

## Par Roman Soltyk,

MEMBRE DE LA DIÈTE, GÉNÉRAL DE BRIGADE D'ARTILLERIE

2 vol. in-8, accompagnés de 4 cartes et de 2 portraits.

PRIX : 16 FRANCS.

---

Imprimerie de L.-E. HERHAN, rue Saint-Denis, 380.